JN410608

물 흐르듯

유순필 시집

물 흐르듯

초판1쇄 발행 2022년 9월 15일

지은이 유순필
펴낸이 이길안
펴낸곳 세종출판사

주소 부산광역시 중구 흑교로 71번길 12 (보수동2가)
전화 463－5898, 253－2213~5
팩스 248－4880
전자우편 sjpl5898@daum.net
출판등록 제02-01-96

ISBN 979-11-5979-534-3 03810

정가 12,000원

물 흐르듯

유순필 제1시집

세종출판사

시인의 말

젊은 날 나의 노트는
어느새 빛바랜 청춘이 되었다

바쁘게 살아오면서
입을 꾹 다물고
여기까지 왔다

이끌어 주신, 존경하는 정영자 교수님과
문우들의 격려에 힘입어 일상의 상념들을 모아
작은 시집을 내게 되었다

일신의 고통에서 다시 찾은 나의 삶
늦게나마 이렇게 문운의 열매를 맺게 되어 참으로 기쁘다
1집을 시작으로 더 좋은 글을 쓰도록 노력하고자 한다

2022년 9월

유순필

차례

1부

2부

3부

4부

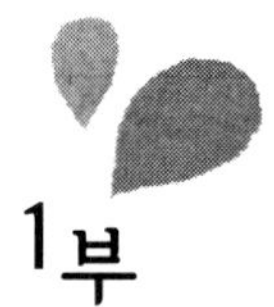

1부

섬꽃

이름은 있지만
불러 주지 않았다

바람이 흔들고 가지만
꿋꿋이 서 있는 건

사무친 그리움을
파도가 전해주기 때문이다

구름꽃

언덕 위 하늘에
구름꽃이 피었다

눈길도 주기 전
저 멀리 가 있네

붙잡지도 못하고
보내야하는

아쉬운꽃
구름꽃
그리움의 꽃

동백꽃

동백꽃이 저리도 붉은데

눈치도 없이 왔다가
그냥 가려 하는구나

애닯은 그대
동백이여!

붉게 흐드러진 해안 길에
뚝뚝 떨어지는
봄 하나 더 보태고
가는 너와 봄놀이하고 싶구나

민들레 꿈

태양이 내려앉은
작은 들판

앉은뱅이 민들레는
하늘을 꿈꾼다

가장 낮은 곳에서
가장 높은 곳으로

빙글빙글
두둥

움켜진 손 놓으니
모두가 내 세상

노오란 하늘이
나를 품어준다

참꽃

진달래 무성한 언덕에서는
여기저기 꽃으로 참을 만든다

여보시오
오늘도 참 수고 많았소

하루를 보내는데
이리도 힘드니

분홍 얼굴, 분홍 손
마주하고서

진달래꽃 참하여
웃어나 보세

꽃그늘

꽃그늘 아래서
함께 놀던 친구야

지금은 어디에서
무얼 하고 있는지

내내 궁금하여
꽃동산에 올랐다

그 시절 그 동산은
사라지고 없지만

그리운 친구 얼굴
꽃그늘에 묻혀있구나

꽃동네 가는 길

꽃동네 가는 길
언덕길에서

헉헉 차오르는
숨을 고르며

언덕 위 작은 집
그림 같은 집

두 팔로 맞이하던
나의 선생님

꽃동네 가는 길
언덕길에서

헉헉 차오르는
숨을 고르며

그리움 나도 몰래 눈물 훔친다

벚꽃설기

텅빈 교실
한 줄기 봄빛

지난 봄 소리치던
아이들은 없는데

봄은 기웃기웃
창을 두드리고 들어온다

코로나 블루에
가슴 조이며

하얀 설기에
벚꽃 하나
그려 올린다

달래꽃

너는 왜 모르니
웃을 때 예쁘다는 걸

하얀 미소꽃
달래꽃

너는 왜 모르니
시린 뿌리에
가슴이 아프다는 걸

봄의 입김
가슴 봉긋 설레이고

하얀 얼굴
웃고 있는 너
달래꽃

불꽃

열정으로 피었다
환호를 안고
갈채는 순간
어둠 속에 사라진다

순간에서 영원으로
어둠을 사르고
가슴으로 남아
찰나의 꽃이 되었다

인연의 꽃

거부할 수 없는 것
지울 수 없는 것
그것이 인연이라 했나

원한 것도 아닌데
자꾸만 앞에 있으니
그것이 인연이라고 하네

진흙 위 연꽃이
화사하게 피었다

숱한 고뇌가
인연이 되어
저리도 아름다운 꽃이 되었나 보다

동백꽃 엄마

동박새를 사랑했나
엄마는 새벽같이 일어나
단장을 했다

분만 살짝 발라도
빨갛게 피어나던
예쁜 울 엄마

님 떠난 동구 밖
그 쓸쓸함을
이리 붉게 단장했나

눈이 녹던 어느 날
동백꽃 나무 아래
동백꽃이 피었다

죽어서도 꽃이 되겠다던
엄마의 유언

시인의 정원

동백숲
동백꽃
꽃그늘 아래

푸성귀 만찬에 웃음소리 한가득
절로 나온 노래는 시가 되어 흐르고

한 가락 삶의 향기
고급지게 풍긴다

시인의 노래는 잘 익은 김치
맛깔스런 노래에 취해
동백나무 꽃그늘은 짙어만 가네

벗에게

이제 너는 나무가 되고
새가 되었구나

창 너머
꽃무늬 통바지를 입고
하얀 손으로 꽃잎을 따던
꽃같은 벗이여

이제 너는 꽃이 되고
나비가 되었구나

봄비 내린 정원에서
노래하고 춤추는 너에게
박수를 보낸다

꽃이 되어 만나리

완이야, 너랑 나랑
우린 오누이 같은
고모 조카였지

바다가 보이는 들판에서
나비를 잡으러 뛰어다니고

바닷가 모랫길을
널 찾아 헤매기도 했었지

이제는 나비가 되어
들판 어딘가에서 날 찾고
있겠지

"고모야"
눈물 머금은 너의 목소리가
아직도 들리는 듯하구나

언덕진 자리에
꽃이 되어
우리 다시 만나자

2부

시작의 길

시작의 길
열정의 길

한 치 앞도 모르면서
이리 걷고 있구나

종달새는 저 멀리서
애처롭게 우는데

잠시 쉬어갈 순 있지만
멈출 수는 없구나

못다한 말

못다한 말
차에 담아

그대 앞에 드리니

바람결 미소
차향에 어리고

서러움 어디갔나

얼굴 가득
향기롭다

엄마의 발

따뜻한 손길로 닦아 주시던
엄마의 하얀 손
침상 위 힘없이 놓여있다

삐죽이 나온 발 하나를
덮어 드리며

엄마, 고맙습니다

갈맷길

좁은 길
가파른 길
콧노래 부르며

갈매기 손짓 따라
걸어보던 이 길

밀어주고
끌어주던
너와 나의 길이었다

시린 파도 여울진
바위 길옆 풀꽃이
이제는 하얗게 포말이 되고

세월은 파도 따라
흐르고만 있네

미용실에서

주름 없는 얼굴로
앉아있는 한 중년

회색으로 염색해 달라고 한다
늙어가는 아내를 위해

오~
모두가 박수를 보냈다

청춘 할배

흰 머리
짧은 머리
주름진 얼굴

빨간 잠바
차려입고
위풍도 당당

바람이 비웃듯
스쳐 가지만

나는야 그래도
청춘 할배다

목장길

목장길 가는
절영로 언덕

먼 바다 달려와서
바위 곁에 서 있네

아카시아 꽃잎이
하얗게 여울이 되고

아련한 기억 속에
양떼가 노닌다

걸레

반짝이는 장독 위
구름을 품고

대청마루 도란도란
얘기도 듣고

가마솥
뜨거운 눈물 훔치며

햇빛에 빛날 세상
그리고 있다

스카프

이별이 아쉬워
보내준 스카프

서랍 속 가만히
넣어두었네

어쩌면 돌아올까
가슴 조이며

하루에도 몇 번씩
열어 본다네

스마트폰

스마트폰 거울 속
요래조래
기울여
얼굴을 가다듬고

오늘의 나를
프로필 하며

스마트폰 세상 속에
나를 던져본다

누군가
나를 궁금해 할까
살짝 꾸며도 보고

포장된 내가
부끄러워

살며시
지워 버린다

갈래머리 소녀

이름만 들어도
설레던 그 날

창을 사랑한다는 말은
눈부시지 않아 좋다던

어느 시인의 구절을 읊으며
편지를 보내왔다

폐부 깊숙이 별빛을 마시며
헤세를 옆에 끼고 별을 본다던 너

오리온, 카시오페아가 오늘 밤 뚝뚝
내 창에 내려와 앉는다

유행가 가사

유행가 가사가 내 맘에
쏙 들어 오는 날

쿵꾸루 짝짝짝
신나고 흥겨운 가락이
가슴을 후려치고

구수한 노랫말과 걸어 온 삶들이
왜 그리도 딱 맞는지

쿵꾸루 짠짠짠
눈물겨운 삶들이
노래로 승화되고

짠하게 불러보는 내 인생
오늘은 나도 트로트의 신이다

신선대에 앉아

신선대 누각에
벚꽃 잎이 흩날리는데

세상의 불빛이
여기 다 있구나

북항의 배들은 소리 없이 떠 있고
갈 곳 잃은 젊은이
하나 둘씩 모여드는데

벚꽃은 연분홍빛 휘몰이로
신이 나건만
신선대 신선들은 어디 가고 없는지

덩달아 떠 있는 달빛은
꽃잎에 취해
바람 타고 놀고 있구나

마스크

나를 가리고
태양을 가리고
마음도 가린다

갑갑해 발버둥을 치지만
은근 가릴 수 있어 좋다

눈만으로 너를 알아볼 수 있을까
군중을 비집고
혹여 너일까 뒤돌아보고

돌아오는 내내
마스크 속
흰머리 너의 얼굴이
보름달에 걸려 있었다

황금잉어

해질녘
연못의 황금잉어
가끔씩 불러본다

바다를 품은 언덕 위 연못은
마음 살가운 사람들이 찾아오는 곳

"노랑이야"
아가의 부름에
휘리리
멋지게 등장하는 황금잉어

아무것도 안 주는데
입을 빼꼼빼꼼
눈을 동글동글

미안하다 노랑이야
오늘은 빈손이구나

해질녘 연못에
황금 해가 떨어진다

3부

시인의 바다

형광빛 색색의 물결이
조용한 항구를 깨우고

카사블랑카 그 카페
청아한 시인의 노래가
밤바다를 깨운다

시를 품은 바다는
소녀처럼
연인처럼
그렇게 잠 못 들고 있구나

축제의 섬 만지도

구름 한 점 없는
바다 위
만지도 물빛은
신부처럼 눈부시다

출렁출렁 출렁다리는
덩달아 춤추게 하고

만지도 광장 능소화가
수줍은 미소로 유혹하고 있네

울긋불긋 객들의 웃음에
여기저기 축제가 한참이다

서피랑 서포루

서피랑 서포루에는
통영 이야기가
동서남북 펼쳐진다

돌담길 글귀가
나를 깨우고

김약국의 딸들이
저기 있었네

서피랑 서포루에는
문학과 역사가
한눈에 펼쳐진다

통도사

영축총림 통도사
빛바랜 단청

불상 없는 대웅전에
불경 소리 깊어지고

금강교 안 부처님
향으로 피어나니

노랑나비 향기 찾아
이리저리 맴도는데

이생의 염원을
나도 따라
빌어 봅니다

우란분재

우란분재 백중날
기도 도량 사십구

연꽃은 안 보이고
부처꽃이 만발했네

갖은 음식 봉양하여
부모 은덕 기리고

나의 죄를 고하며
부처님께 비는데

고요한 통도사 배롱꽃이
미소 짓고 있구나

정토의 꿈

나무아미타불
나무아미타불

분황사 모전탑
두 손 모아 서서

나무아미타불
나무아미타불

바람은 세월의 이끼에
머물다 간다

나무아미타불
나무아미타불

나누고 함께하니
낮과 밤이 한마음

모든 것이 다
내 마음에 있음을

나무아미타불
나무아미타불

10번을 불러보고
무지렁이 중생
극락정토 꿈꾼다

나무관세음보살

무엇이 나를 이끌었는지
오늘 여기까지 왔습니다

굽어진 산등성이가 나의 등이 되고
자꾸만 앞으로 숙여지는 것은
부처님의 공덕에 감사함이요
세상에 태어났음에 감사함입니다

바람이 두루두루 경내를 돌고
불경 소리가 여린 중생을 깨웁니다

나무관세음보살

윤회를 믿으며
이생을 후회하지 않겠습니다

춘향

이른 봄 아침
덖어 우린 차

비 그친 창가에
나 홀로 섰다

봄의 향기
살며시
머금어 보고

진 세월 진 향기가
봄 마당에 가득하다

봄동

택배요
님 께서 보내주신
봄의 선물

봄은 그렇게
내게로 왔다

서운암 된장에
파릇파릇 봄동을
데쳐 무치고

둔둑 차가운 흙을 뚫고
삐죽삐죽
예쁘기도 한 부추

한 줌 씻어
국수에 올리고

봄이로구나!

바다

풍덩 빠진 바다가
너무도 깊다

여기가 어딘지
여기가 끝인지

멀리
물빛을 타고
하늘이 떠 있다

허우적 허우적
발버둥 친다

이제 죽는가 보다
몸을 놓으니
물 위에 떠 있는 나

유쾌한 사후

베르나르 베르베르
유쾌한 사후

죽음 또한 두렵지 않구나

시공을 돌아
다시 가고픈 이생

아, 이제는
삶
그것이 두렵구나

비빔밥

섞어도 섞이지 않네
콩나물은 콩나물
시금치는 시금치

뭐든 섞을 수 있지만
콩나물은 콩콩콩
시금치는 치치치

시기와 질투가
비빔밥의 나물처럼 섞여있다

뜰

이불을 널 수 있는
뜰이 있으면 좋겠다

긴 장대에 하얀 이불을 씻어 널고
의자에 앉아, 구름을 볼 수 있으면 좋겠다

복잡한 일들을 구름 속에 보내고
가만히 가만히 빨래 향기 맡으며
그렇게 앉아있으면 좋겠다

살아 있음에

살아 있음에
수선화는 그렇게 그윽하고

해맞이 언덕길에
바람마저 향기롭다

혼자 걷는 이 길이
알 수 없는 길 이어도

살아 있음에
가슴 설레고

바닷길 멀리
희망의 배는 산을 넘는다

볕 좋은 날

볕 좋은 날
흰 이불 뜰에다 널어놓고

자근자근 남은 빨래
밟아본다

머리로
어깨로

따끔하고 기분 좋은
햇볕 아래서

심호흡하며 꿈꾸던
새댁의 미소
빨래 너머 무지개가 된다

4부

물 흐르듯

물 흐르듯 살라고 했지요
바위를 돌아 계곡을 따라
물 흐르듯 살아왔어요

다투지 않고
시기하지 않고
그냥 흘러왔어요

물 흐르듯 살라고 했지요
위에서 아래로 아래로
몸을 낮추고

아무것도 가지지 않고
그냥 물이 되어 흘러왔어요

상념

물안개가 사방을 뒤덮고
새들은 어디로 갔는지
모두가 집을 찾아 누웠다

밤 깊어 잠 못 드는 상념은
어슴프레 밝아오는
새벽을 붙잡는다

하루를 여는 것은 태양뿐이 아닌데
창을 가리고
눈을 가리고
상념의 바다를 건넌다

바람

창으로 찾아오는
구름과 바람은

오늘도 말없이
달래러 왔구나

질투와 배신
모욕과 암투

말하지 않지만
어깨를 두드리며

오늘도 안녕이라고
바람은 그렇게 전하러 왔다

바람의 끝

바람의 끝은 어디일까
봄바람
부스스 봄빛 따라 걸어본다

좁은 길 양옆으로 누가 뿌려 놓았을까
작은 꽃들이 목을 추켜세우고
바람의 끝이 어딘지
봄 따라 걷고 있다

길 끝 어딘가에 바람도 끝이 날까
봄내음 품고 스쳐가는 설렘에
내 마음 실어 보낸다

거울 속 얼굴

거울을 보지 않는 것은
지난 세월을 보기 싫어서입니다

검은 머리와 하얀 미소가
세월에 변하고
듬성한 머리와 사라진 미소로
얄궂은 얼굴입니다

지나온 세월은
언제나 두 갈래 길
옳다고 간 길이
구렁이 되고
비탈길이 되고

흔들리며 살아 온 나의 얼굴은
참으로 얄궂습니다

깊이 1

오래된 장맛은 깊이가 있다
진한 세월의 맛이
혀끝을 감친다

한마디로 말할 수 없지만
마치 노련한 화가의
정물화 같다

깊이 2

깊이가 없다고
생각이 없을까

짧은 한마디가
가슴을 치고

한 획의 그림이
심장을 도려낸다

지우개로 지울까

지우개로 지울까
연필로 뭉갤까

어지러운 내 마음
잊고 싶은 그 순간

찬찬히 둘러보니
그래도 맑은 하늘

헝클어진 머릿속
하얗게 지워본다

아무 상관없다

아무 상관없다
씩씩대며
애꿎은 돌멩이만 찬다

누가 뭐라 해도
누가 뭐라 하지 않아도
씩씩대며
아무 상관없다

가고 싶다

가고 싶다
구름 따라

우주의 암흑을
별이 밝혀주고

암흑 너머에 평안이 있을까

가고 싶다
바람 따라

어쩌면 무지개가 거기 있을까

아무것도 하지 않기 위해

아무것도 하지 않기 위해
산을 찾았다

나무는 나무로
꽃은 꽃으로
그렇게 의연하게 살고

나무가 베이고
꽃이 꺾이고
숨이 턱 막힌다

아무것도 하지 않기 위해
바다에 나왔다

시름은
파랗게 녹아 파도가 된다

때려도
맞아도
파도는 말이 없다

나의 하이드 씨

하이드 씨, 오늘 몸은 어떠신가요?

허리는 꼿꼿하게
머리는 검게
가슴은 뜨겁게

구부정한 어깨에 흰머리를 나부끼며
나는 걷고 있다네

하이드 씨, 무엇을 드셨나요?

랍스터에 꽃등심에 전복요리
콩국에 허기를 달래고
나는 걷고 있다네

하이드씨, 무지개는 찾았나요?

지금 여기 무지개 언덕
무릎을 두드리며 멀기만한 인생길을
나는 아직도 걷고 있다네

월영동의 매미 소리

월영동 기왓집 한 켠
세 들어 살던 울 언니

어린 조카 등에 업고
다듬고 찌고
요리도 잘했다

찌르르 매미 소리
안마당을 울리고

스르르 잠든 나를
깨우던 언니

매미 소리 우거진
수목원 큰 나무가 되었다

월영동의 여름날
찌르르 매미는 잠결에도 들리는데
미소 띤 하얀 얼굴
구름 속에 떠 있네

고갈비의 추억

고갈비 골목을 지날 때마다
언제나 완이가 생각난다

지글지글 고등어 익는 냄새
배고픈 청춘의 발길을 재촉하고

경영학 개론을 고갈비와 바꾼
완이는 전화를 했다

고모, 책 좀 찾아다 주세요
응, 책을 잊고 왔구나
어라, 할매는 돈을 달라하네

말없이 책을 건네주니
완이는 그저 눈만 끔뻑

그때 그렇게 말없이 건네주길
참말로 잘했다

그것밖에 못 해 준 게
이제는 가슴 아프기만 하다

돌아갈 수 있을까

돌아가기엔 너무 멀리 왔습니다
지금 돌아간다면
잘할 수 있을까요

가을의 쓸쓸함이
여름의 열기를 밀어냅니다
옷깃을 세우고 도도하게 걸으며
설레는 청춘
그 거리로 돌아갈 수 있을까요

돌아가기엔 너무 멀리 왔지요
남은 길도 알 수 없지만
당당하게 이 길을 걸어야 하지요

| 해설 |

유순필 시집 『물 흐르듯』을 읽고

정영자 | 문학평론가, 한국문인협회 고문

수필가이면서 시인인 유순필 선생은 부산 출신으로 2019년 『여기』로 수필가 데뷔, 2020년에 시인으로 데뷔하여 현재 (사)부산여성문학인협회 재무국장, 『여기』 편집위원으로 부산교육대학 졸업 후 초등학교 교사로 재직하고 있다.

그는 시인의 말에서 "바쁘게 살아오면서 /입을 꾹 다물고/여기까지 왔다"고 했다. 그리고 "일신의 고통에서 다시 찾은 나의 삶"이라 했다. 문학의 치유 쪽으로 유순필 시인을 이해할 수 있을 것 같다.

유선생은 내가 부산 남여중 국어 선생으로 재직할 때 제자였다. 14살의 중학교 1학년 때(1974년)쯤이라고 기억되는데 나는 곧 학교를 옮겨 와서 체 일 년을 채우지 않고 사임했으며 대학 강의에만 충실했다. 30대의 푸른 나이에 단발머리의 얼굴, 희고 눈빛 맑은 총명한 소녀

유순필은 졸업 이후에도 어설픈 선생에게 새해 인사와 스승의 날에 편지를 보내왔고 나는 기쁜 마음으로 엽서를 보냈다. 그리고 45년의 거침 없는 세월이 흘러 중년을 넘어가는 소녀를 만났고 그도 늙은이의 대열에 진입한 나를 만난 것이다. 참으로 인연이다.

아마도 쾌활하고 순정한 문학소녀 취향의 선생을 흠모하던 부류를 형성한 학생이었던 것으로 기억된다. 그리고 공부 잘했던 모범 학생이었고 총애한 학생이기도 했다.

작년에 40여년이 넘은 내 필체의 편지를 보고 아직도 안부 편지를 간직한 유선생의 진정성에 고마움과 놀라움을 함께 했다. 마지막으로 보낸 나의 엽서는 77년 12월 5일자의 싸인과 함께 "그럼 만날 때까지 안녕을" 하고 끝인사를 마무리하고 있었다.

43년 전의 내 필체는 지금과도 비슷하지만 힘이 빡빡하게 들어 있고 물 흐르듯 정감이 흘러 내리는 물흐름체와 같아 보였다. 서정적 감수성이 한 획 마다에 가득 담겨 흐르고 있었다. 그 때의 마음을 필체로 유추할 수 있었다.

그는 자신이 운영하는 필그레이 북클럽을 열면서 나에게 첫 강의를 부탁했다. 나는 기꺼이 문현동 아바니센트럴호텔 11층 WeWork에서 〈인문학과 부산문화〉라는 제목으로 부산문화의 큰 줄기를 열강한 바 있다. 2019년 9월 6일 오후 5시이었다.

선생과 제자는 이렇게 재회하였고 나는 수필 등단을 권유하였으며 그도 기꺼이 못다 이룬 문학소녀의 꿈과 한 시절 좋아했던 선생과의 만남을 이어갈 수 있었다. 때문에 노년의 노을빛 아래 유순필 선생과의 조우는 나에게 따뜻한 추억이며 순정한 순수로 돌아가는 동심의 세계이기도 했다.

"선생님"하고 부르면 그렇게 듣기도 좋다. 이 나이 이 세월에 아직도 소녀의 꿈 속에서 그는 중학생, 나는 초록 칠판 앞의 김남조의 시 〈소녀에게〉를 암송시킨 치기 어린 선생이다. 그 얼마나 부럽고 행복한 시간인가. 대책 없는 말을 늘어놓아도 죄가 되지 않는 편안함이란 폼과 격을 따지는 공간과는 다른 절대공간이기 때문이리라.

그가 시집 원고를 보내왔다. 짧게 쓰여진 시편이고 동심의 세계를 바탕한 서정시이다.

솔직, 담백, 단순한 자신의 심상을 시적 화자를 통하여 표현하고 있다. 현란하고 화려한 수식어 보다 생활시의 단순, 직설의 회고적 내용들이 담겨, 한 세월을 넘기고 있는 시간과 자신의 삶을 성찰하고 있다. 후회보다는 감사함, 긍정적인 비젼을 제시하는 은은한 시어의 파장을 음미하듯 간결하게 절제된 문장을 선호한다.

반짝이는 장독 위
구름을 품고

대청마루 도란도란
얘기도 듣고

가마솥
뜨거운 눈물 훔치며

햇빛에 빛날 세상
그리고 있다

—「걸레」 전문

걸레를 소재로 한국 전통적인 시골의 풍경 속에 사랑과 스토리를 엮어낸 전통 서정시이다. 그림 같은 이미지에 우리들 한옥의 정겨운 담화가 담겨 있는 시이다. 한 편의 시 속에 가족과 역사가 공유되고 있다. 구름이 장독대 위에 있는 장독을 말끔히 걸레질하는 풍광이 깨끗하고 빤작이는 이미지로 표현되고 대청마루를 훔칠 때면 대청마루에 앉아 도란도란 이야기를 나누던 가족들의 사랑과 안부를 추억하며 가마솥에 물방울이 떨어질 때면 뜨거운 눈물 훔쳐주는 걸레의 역할을 묘사하고 있다. 걸레의 사명과 바램은 청소가 끝난 뒤 햇볕에 말려지는 빛나는 세상을 암시하고 있다. 햇살이 좋은 날, 장독을 빤작이게 닦고 대청마루에서 모여 놀던 가족의 대화를 상기하며 가마솥의 삶고 데우는 음식을 함께 하던 사랑의 공간을 장독대와 마루, 부엌의 가마솥으로 확대하여 형상화함으로써 편안하고 따뜻한 집의 개념을 노래한다.

여성적 이미지를 동심의 눈으로 관찰한 순수 지향의 깨끗한 동심의 시를 보여 주고 있다.

> 볕 좋은 날
> 흰 이불 뜰에다 널어놓고
>
> 자근자근 남은 빨래
> 밟아본다
>
> 머리로
> 어깨로
>
> 따끔하고 기분 좋은
> 햇볕 아래서
>
> 심호흡하며 꿈꾸던
> 새댁의 미소
> 빨래 너머 무지개가 된다
>
> —「볕 좋은 날」 전문

햇볕이 좋은 날에 이불도 널고 남은 빨래도 밟아 빨래를 너는 새댁의 미소로 행복한 햇살 이미지로 여성적 삶을 희생이 아닌 기분 좋은 햇살을 공유하는 평화가 깃들어 있다.

형광빛 색색의 물결이
조용한 항구를 깨우고

카사블랑카 그 카페
청아한 시인의 노래가
밤바다를 깨운다

시를 품은 바다는
소녀처럼
연인처럼
그렇게 잠 못 들고 있구나

—「시인의 바다」 전문

유순필 시인과 통영으로 가서 강구안의 황홀하지만 은은한 작은 항구의 바다와 시인이 경영하는 카사블랑카에 들러 주인이 자청해 들려준 노래에 매료된 적이 있었다. 아름다운 소쿠리 항구의 바다와 공간 가득히 흐르는 주인의 맑고 고아한 노래는 충분히 바다 이미지와 색깔로 재현되어 소녀처럼 연인처럼 잠들지 못하는 신선한 충격을 준 것이다.

하나라도 더 보여 주고 하나라도 더 알도록 해주고자 하는 소망이 동행을 권유하며 즐거운 하루를 보내었다. 그때의 테마를 잡은 것이다. 역시 시는 발걸음 위에 떨어지는 즐김의 묘약이다.

섞어도 섞이지 않네
콩나물은 콩나물
시금치는 시금치

뭐든 섞을 수 있지만
콩나물은 콩콩콩
시금치는 치치치

시기와 질투가
비빔밥의 나물처럼 섞여있다

―「비빔밥」 전문

우리나라 국민성의 화합과 두레 정신을 비빔밥 정신으로 보고 있다. 여러 가지 나물을 섞어 영양가 있고 보기 좋은 비빔밥이 된다는 것은 새로운 리더십의 성공으로 인문학에서는 해석하고 있다. 때문에 서양의 뷔페보다 우리의 비빔밥은 한국 정신 문화의 일단을 보여 주는 것이다. 그러나 유순필 시인은 콩나물은 콩나물대로 시금치는 시금치대로 잘 섞이지 못하는 비빔밥의 부정적인 이미지를 소환한다. 콩나물의 콩콩콩과 시금치의 치치치를 활용하며 자신의 고유함을 지키는 섞일 줄 모르는 나물의 개성을 시기와 질투로 비유하고 있다.

비빔밥의 융합성을 말하면서도 섞이지 못하는 시기와 질투의 현장을 비빔밥 비비기로 비유하는 탁월한 묘사를 하고 있다.

여성적인 질투의 임계점을 드러내는 풍자, 유머, 재치 있는 특성을 보여 주고 있다.

무엇이 나를 이끌었는지
오늘 여기까지 왔습니다

굽어진 산등성이가 나의 등이 되고
자꾸만 앞으로 숙여지는 것은
부처님의 공덕에 감사함이요
세상에 태어났음에 감사함입니다

바람이 두루두루 경내를 돌고
불경 소리가 여린 중생을 깨웁니다

나무관세음보살

윤회를 믿으며
이생을 후회하지 않겠습니다

—「나무관세음보살」 전문

그는 불교 신자다. 부처님의 공덕에 감사하고 세상에 태어났음을 감사하는 관세음보살에 의지하는 불심은 윤회를 믿으며 이생을 후회하지 않는다는 삶의 성찰에 이르고 있는 환희심 가득한 찬양의 시이다.

아무것도 하지 않기 위해
산을 찾았다

나무는 나무로
꽃은 꽃으로
그렇게 의연하게 살고

나무가 베이고
꽃이 꺾이고
숨이 턱 막힌다

아무것도 하지 않기 위해
바다에 나왔다

시름은
파랗게 녹아 파도가 된다

때려도
맞아도
파도는 말이 없다

—「아무것도 하지 않기 위해」 전문

아무것도 하지 않기 위하여 산을 찾고 바다를 찾은 자연인 지향의 시인의 여유는 이제 놓을 것 놓고 바쁘지 않게 삶의 켜켜이 쌓인 문제들에 의연함을 노래하고 있다. 이와 같은 맥락은 〈시작의 길〉에서 "잠시 쉬어갈 순

있지만/멈출 수는 없구나."로 꾸준한 역동적인 삶의 내용을 충분히 지키며 즐기는 모습이다. 유순필 시인의 시는 우울하지도 않고 괜히 나 시인이요를 반복하는 멋내기, 흉내내기의 표본도 아니며 지금 여기의 삶에 대한 경건한 기도이며 진정성으로 쌓아 올린 자신의 성역을 공존과 공유로 나누고자 하는 인생의 깊이와 그 넓이를 가지고 표현되고 있다. 아끼고 사랑하는 중학교 제자의 첫 시집에 나는 무한한 가능성의 길을 보았고 세상과 인간에 대한 예의를 만났다. 문운을 빌며 축하의 몇 마디를 적었다.

유순필 시인 화이팅!